THÈSE

Pour

LA LICENCE

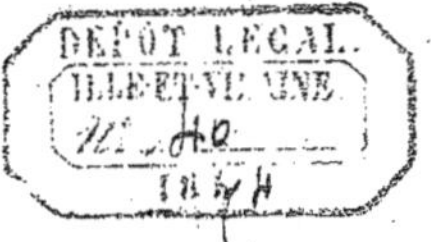

UNIVERSITÉ DE FRANCE. — ACADÉMIE DE RENNES.

FACULTÉ DE DROIT.

THÈSE POUR LA LICENCE

JUS ROMANUM.......... De impensis in res dotales factis (Dig., lib. XXV, tit. 1. — Cod. Justinien, lib. V, tit. 13, § 5. — Ulp., Regulæ, VI, § 14-17. — Inst. Just., lib. VI, tit. 6. § 37).

DROIT FRANÇAIS .... Des récompenses et reprises en matière de communauté. (Cod. Civ., art. 1431-1439. — 1468-1473.)

Cette Thèse sera soutenue le Jeudi 19 Mars 1874

A DEUX HEURES DE L'APRÈS-MIDI

Par M. AUBRY (Paul-Constant-Marie.)

Né à Ségré (Maine-et-Loire), le 3 Avril 1851.

EXAMINATEURS :

MM. HUE, GAVOUYÈRE, DURAND, professeurs ; GUÉRARD agrégé, chargé de cours

RENNES

Imprimerie BAZOUGE Fils et Cie

15, rue de Viarmes, et 6, rue Lafayette, maison VILLENEUVE.

—

1874

A LA MÉMOIRE DE MA GRAND-MÈRE

A MON PÈRE — A MA MÈRE

A MA SŒUR, A MON FRÈRE & A MA BELLE-SŒUR

A MES PARENTS

A MES AMIS

JUS ROMANUM

DE IMPENSIS IN RES DOTALES FACTIS

(Dig., lib. XXV, tit. I; — Cod Just. lib. V, tit. 13 § 5 ; — Ulp.. Reg. VI, § 14-17 ; — Inst., Just. lib. IV, tit. 6, § 37.

Prooemium

Dos est donatio quædam ad sustinenda matrimonii onera marito delata.

Quibus in rebus, durante matrimonio, variam pro temporibus potestatem dedit lex viro, qui in principio alienare et pignori dare dotalia bona ex sententia sua poterat.

Deinde, quum post aliquot annos lex Julia de adulteriis lata fuit, immobiles fundos Italicos, quoties in dotem inestimali dati essent, muliere non consentiente alienare non poterat. Imo lege cautum est ne et femina volente obligati sint.

Denique Justinianus familiæ præses atque domus propugnator legis Juliæ prohibitionem et ad provincialia porrexit, prohibuitque ne magis ad alienationem quam ad pignus mulieris consensus valeret.

In dote viri potestas, soluto matrimonio, finem habet, itaque res dotales maritus restituere debet, at si quid illi a muliere, ex causa dotis debeatur, quasdam ex ea retentiones facere potest.

Ex Ulpiano quinque sunt causæ quibus hæ fieri solent, aut propter liberos, aut propter mores, aut propter impensas, aut propter res donatas, aut propter res amotas. (Ulp. fragm. tit. VI, § 9).

Sed quum de retentionibus propter impensas solummodo tractandum sit, cæteras præterimus.

Quibus hæ subjiciantur regulis, tribus in capitibus inspiciemus, et videbimus in primo quotuplex sit earum impensarum genus, deinde in secundo quas ex his marito consequi liceat, et in tertio, quomodo quas consequi liceat consequatur. Denique in quarto capite, de quibusdam impensis extra dotis causam quidem factis, sed quæ retentioni locum dare possunt, tractabimus.

CAPUT PRIMUM

QUOTUPLEX SIT EARUM GENUS.

Earum species sunt tres : aut enim necessariæ dicuntur, aut utiles, aut voluptuariæ.

DE NECESSARIIS.

« Necessariæ hæ dicuntur quæ in se habent necessitatem impendendi » (L. I, Ulpian., lib. 36, ad Sabinum § 1). Et adhuc: impensæ sunt necessariæ quæ, si factæ non sint, res peritura aut deterior futura sit. (L. 79, de verborum significatione ; Paul, Lib. VI, ad Plaut).

Necessarias igitur inter impensas pones aggeres si feceris, flumina averteris, ædificia vetera fulciris itemque refeceris, arbores in locum mortuarum reposueris.

Item, Labeo necessarias inter impensas ait, moles in mare vel flumen projectas. Sed et si pistrinum vel horreum necessario factum sit, in necessariis impensis habendum ait. Proinde Fulcinius inquit : « Si ædificium ruens quod habere mulieri erat refecerit; aut si oliveta rejecta restauraverit; vel ex stipulatu damni infecti, ne committatur, præstiterit. » Sup. **D. L. I**, § fin.

Et in totum hæ videntur necessariæ impensæ quæ rem dotalem salvam fecerint.

DE UTILIBUS.

Utiles sunt, quibus non factis quidem dos deterior non fieret, factis autem fructuosis effecta est, veluti si vineta et oliveta fecerit. (Ulp. Fragm. tit. VI, § 16.) « Ex quibus, ait Fulcinius, reditus mulieri acquiratur, sicuti arbusti pastinatione ultra quam necesse fuerat. Item doctrinam puerorum : quorum nomine onerari mulierem ignorantem vel invitam non oportet, ne cogatur fundo aut mancipiis carere. In his impensis et pistrinum at horreum insulæ dotali adjectum plerumque dicimus ; » (L. 79, § 1, §§ 50, 16, de verb. signif. Paul lib. 6, ad Plaut.)

Similiter Ulpianus: « Utiles autem impensæ sunt quas maritus utiliter fecit ; remque meliorem uxoris fecerit, hoc est dotem. » (L. 5 § fine lib. 36, ad Sabin.)

« Veluti si novelletum in fundo factum sit; aut si in domo pistrinum, aut tabernam adjecerit; si servos artes docuerit. » (Lib., 6, Paul lib. 7, ad Sab.

Item impensæ « utiles sunt veluti pecora prædiis imponere, id est stercorare. » (Lib., 14, § 1, Ulp. lib 5, regul.)

De voluptuariis.

Voluptuariæ sunt quibus neque omissis dos deterior fieret, neque factis fructuosior effecta est ; quod evenit in viridariis et picturis similibusque rebus. (Ulp. fragm, tit. 6, § 17.) Item Paulus : voluptuariæ sunt quæ species duntaxat exornant, non etiam fructum augent ; ut sunt viridaria et atquæ salientes, incrustationes, loricationes, picturæ. (L. 79, § 2, ff 50, 16, de verborum signif. lib. VI, ad Plaut.) Item voluptuosæ sunt balnea extruere. (L. 14, § 2, Ulp. lib. p reg.) Quod si hœc res in quibus impensæ factæ sunt, promercales fuerunt, tales impensæ, non voluptuariæ, sed utiles sunt. (L. 10, Paul lib. 36, ad ed.

CAPUT SECUNDUM

QUAS MARITO CONSEQUI LICEAT ?

Donationem inter virum et uxorem circa impensas inhibitam vere Sabinus scribit, atqui, retentionibus sublatis, vir uxorem largiri posset, itaque quasdam ex dote restituenda retentiones propter impensas marito facere licet. Sed nunc quasnam consequatur quærendum est.

Illas igitur quæramus inter necessarias interque utiles et denique inter voluptuosas impensas.

De necessariis.

In prima specie hoc deprehendere facile est, ut eas tantum maritus consequi possit quas in res dotales fecit. Illæ vero quæ in dotem factæ non sunt, velut si in proprio fundo domum extruerit, aut mulieris nomina solverit, non habent in se reputationem.

Et quidem, inter impensas in dotem factas, quasdam maritus repetere, quasdam vero non repetere potest.

Aliæ enim ad perpetuam fundi utilitatem pertinent, verbi gratia, si ædificia vetera refecerit, non cum fructibus pensantur et retentioni dant locum ; aliæ vero ad utilitatem anni pertinent, et magis propter fructus quærendos, cogendos, conservandosve quam propter ipsas res dotales factæ sunt ; quæ sunt onera fructuum, nulliusque indemnitatis persequendæ jus marito præbent. Quæcumque igitur impensæ quærendorum fructuum causa factæ sunt, eas vir ex suo facit nec ullam habet eo nomine ex dote deductionem.

Item, neque stipendium neque tributum ob dotalem fundum præstita exigere vir a muliere potest ; onus enim fructuum hæc impendia sunt (l. 13. Paul lib., 7, brevium).

Consonat Ulpianus : « Nos generaliter definiemus, inquit, multum interesse, ad perpetuam utilitatem agri, vel ad eam quæ non ad præsentis temporis pertineat, an vero ad præsentis anni fructum. Si in præsentis, cum fructibus hoc compensandum ; si vero non fuit ad præsens tantum apta erogatio, necessariis impensis computandum. » (l. 3. § 1, lib. 36, ad Sabin).

Ita, non solum in res dotales fieri debent impensæ quæ locum dant retentioni, sed quoque eæ esse debent quæ non ad ordinariam rerum dotalium tutelam pertineant. Et, quod dicitur, ut ait Neratius impensas quæ in res dotales necessario factæ sunt posse repeti, ita interpretandum est ut si quid extra tutelam necessariam in res dotales impensum est, id in ea causa sit, nam tueri res dotales vir suo sumptu debet. Alioquin, tam cibaria dotalibus mancipiis data, et quævis modica ædificiorum dotalium refectio et agrorum quoque cultura doti imput t : Omnia enim hæc in specie necessariarum sunt. Sed earum rerum fructus capit maritus, et illos cum impensis factis pensare cogitur.

De utilibus.

Impensis utilibus, quæ non habent in se necessitatem impendendi, legislator Romanus non tantum indulsit quantum necessariis. Earum quædam repeti possunt. Quædam vero non possunt. Utrum muliere consentiente an non factæ sint haud parum interest. Quod si cum consensu mulieris maritus fecerit, illas repetat ; si vero invita aut ignorante femina fiunt, non faciendam deductionem quidam dicunt : iniquum enim esse compelli mulierem rem vendere ut impensas in eam factas solvat, si aliunde solvere non potest. Quod summum habet æquitatis rationem. Si vero impensi solutio haud nimium sit gravis mulieri, vir repetere poterit, sed quatenus mulier locupletior facta est.

De voluptuariis.

Voluptuariarum impensarum nomine nullam retentionem habet maritus. Nil igitur facere poterit nisi ornamenta quæ posuit auferre, si modo recipiant separationem, sine læsione prioris speciei. Mulieri autem licebit hæc ornamenta sibi habere, restituendo marito quæ impensa sunt.

CAPUT TERTIUM

QUOMODO QUAS CONSEQUI POTEST, CONSEQUATUR.

DE IMPENSIS NECESSARIIS.

Impensæ necessariæ dotem ipso jure minuunt. Despiciamus igitur quomodo, hæc sint accipienda verba : Dotem ipso jure minui : Dicemus ne si in dotem detur viro fundus, illum necessariis deminui ? Scilicet si maritus impensas necessarias fecerit, totam rei æstimationem æquantes, illum fundum dotalem esse desinere ? Ea de re nobis respondet Ulpianus : « Quod dicitur, inquit, necessarias impensas dotem minuere, sic erit accipiendum (ut et Pomponius ait) non ut ipsæ res corporaliter deminuantur, utputa fundus, vel quodcumque aliud corpus, etenim absurdum est diminutionem corporis fieri propter pecuniam : Cæterum hæc res faciet desinere esse fundum dotalem, vel partem ejus. Manebit igitur maritus in rerum detentione donec ei satisfiat. Non enim ipso jure corporum sed dotis fit diminutio. Ubi ergo admittimus diminutionem dotis ipso jure fieri ? Ubi non sunt corpora sed pecunia : Nam, in pecunia ratio admittit diminutionem fieri. Proinde si æstimata corpora in dotem data sunt, ipsa jure dos deminuetur per impensas necessarias. » (Ulp. 1. 5, lib. 36, ad ed), id est, quum tempus erit de restituenda dote, eo minus recipiet mulier quo ampliores factæ fuerint impensæ.

Itaque quod dicitur necessarias impensas ipso jure dotem minuere, non eo pertinet ut, si forte fundus in dote sit, desinat aliqua ex parte dotalis esse.

Sed, si tantum in fundum dotalem impensum sit per partes quanti fundus est, desinere eum dotalem esse Scævola noster dicebat, nisi mulier sponte marito intra annum impensas obtulerit.

Haud sine causa de impensis per partes factis dicit Scævola. Quippe quum hæ sint necessariæ impensæ quibus non factis dos periret, quis dicere posset maritum dotem salvam fecisse, quum semel tantum impendisset quanti res valerent dotales, ita ut fundus desinat esse dotalis perditusque si mulieri ? Et fingamus quidem fundum haud desinere esse dotalem, justumne est tantam ad fundum salvandum pecuniam impendere quanti fundus sit ? Nonne satius esset fundum sinere perire ? Quod si vero impensæ per partes factæ fuerint, hoc in casu se bonum patremfamilias gesserit maritus.

Ita, si per partes factæ impensæ, tantæ sint quanti fundus sit, desinit esse dotalis, ut et ait Scævola ; nisi mulier sponte marito intra annum impensas obtulerit.

Cujaccius ipse et nonnulli censent auctores hanc correctionem non Scævolæ sed Triboniani esse. Non potuit enim, ait Cujaccius, jurisconsultus huic rei finire annum ; temporum finitio ad leges pertinet aut constitutiones, non ad jurisconsultos. Ipse et ego hanc adeo sententiam.

Post hanc Scævolæ ostendisse sententiam, Paulus alteram Nervæ refert qua si fundus et pecunia in dote sint et necessariæ impensæ in fundum factæ, dotem pecuniariam minui; si vero pecunia non sufficerit, et fundum dotalem esse desinere : Tunc rogat Paulus. Quid ergo si mulier impensas solverit? Utrum crescet dos, an ex integro data videbitur? Speciem fingamus ut facilius hoc intelligi possit: Primam dotem centum taxari, impensamque necessariam quadraginta factam fuisse, et a muliere solutam ; dicemusne huic doti ad sexaginta nummos reductæ, novam adjici dotem quadraginta valentem? (Utrum crescet dos?); Dicemusne contra, deductionem ex principali dote, reddita impensa, jam non superesse, eamdemque in nostro casu, ad centum reversam ? (An ex integro data videbitur ?)

Paulus, quidem, non dicit quam habeat meliorem ex his sententiis, Ulpianus autem nobis respondet utri assensi sunt Romani : Et ego, ait, ubi pecunia est non dubito dotem videri crevisse. (L. V, § 1. Ulpian. lib. 36.) Quod ita intelligere debemus : novam dotem, impensa reddita videri constitutam. Itaque si fingamus, dotem a patre constitutam, et matrimonium morte mulieris solutum, duæ erunt fortasse dotes quarum altera profectitia patri reddetur, alteram vero adventitiam maritus consequetur.

Et jam interest ut vidimus, quum dos sit pecuniaria, utrum crescat an ex integro data videatur; quum autem dos certis corporibus constat, magni momenti apparet propositum, et quodcumque de pecuniæ restitutionis effectu consilium capiatur, in mirum Scævolæ sententia excedit exitum, quem versute ac solerter Paulus reprehendit: Scævolæ sententiæ, ait Paulus, manifestior iniquitas in fundo est, id est manifestior absurditas oritur si fundus in dotem datus sit. Nam si ex Scævolæ sententia, is fundus propter impensas in eum factas desinit esse dotalis, sequetur eum jam posse alienari. Quomodo autem poterit rursus fieri dotalis data pecunia ? Id est soluta postea marito quam impendit pecunia ? Quam vim habere potest hæc, pecuniæ viro debitæ, solutio ? Ut dotalem efficiat eum fundum qui dotalis esse desierat et quem vir alienare potuit ? An dicet Scævola hunc fundum non fieri rursus dotalem; sed jam hanc pecuniam quæ pro impensarum restitutione solvitur, in dote esse videri ? Quod ita absurdius est.

« Et magis est ut ager in causam dotis revertatur, sed interim fundi alienatio inhibeatur. » Verisimile est hæc ultima verba non Pauli sed Triboniani esse, et ita censet Cujaccius, quum dicit: « Non potuit jurisconsultus constituere interim fundum, qui non esset dotalis, non posse alienari, quia, lex Julia, quæ dotalem alienari vetat, non dotalem alienari sane permittit. Opus fuit constitutione. Quis, ceterum, credere posset Paulum qui modo tam vehementer Scævolæ sententiam reprehendit, ad hanc subito vertere ? Haud probabile est.

Quum dos, impensis necessariis quas vir fecerit, minuatur ipso jure, hinc illa quæstio : « Si dos tota soluta sit, non habita ratione impensarum, videndum est an condici possit id quod pro impensis necessariis compensari solet ? Et Marcellus admittit condictioni esse locum. Sed etsi plerique negent, tamen propter æquitatem, Marcelli sen-

tentia admittenda est. » D. 1. 5 § 2. Deficit actio negotiorum gestorum, quum vir impendendo in res dotales quarum dominus erat,
suum, non alienum negotium gesserit. Sed qua condictionis specie
actum erit ? Condictione indebiti ; quasi plus debito solverit, qui
dotem non deductis impensis solvit.

DE UTILIBUS IMPENSIS.

« Utiles impensæ non quidem minuunt ipso jure dotem, verum-
tamen retentionem habent, » (l. 7, § 1, lib. 36 ad Sabin) dum voluntate mulieris factæ sint.

Justinianus retentionis jus ex hac causa sustulit, constituitque ut
harum impensarum nomine vir haberet aut actionem mandati (si
voluntate mulieri factæ essent) aut actionem negotiorum gestorum si
citra voluntatem ejus (l. un. cod. 5, 13, de rei uxor, act). Et sic
emendando, Justinianus veterum subtilitates neglexit ; veteres enim
non putabant has actiones posse competere, quia quum maritus sit,
durante matrimonio, dotis dominus, suam propriam rem gessisse
censetur, in eam impendendo. Porro, nemini proprium negotium
mandari potest ; nec nascitur negotiorum gestorum actio, si quis
suum proprium gerat; Justinianus autem has actiones constituit quia,
quum dos ad mulierem reverti debeat, quod in eam impensum est in
negotium mulieris impenditur.

DE VOLUPTUARIIS IMPENSIS.

De his impensis nulla viro competit actio ut supra dictum est. Nil
igitur facere potest maritus nisi auferre ornamenta quæ posuit si separationem recipiant.

CAPUT QUARTUM

Præterea quasdam impensas, quanquam extra causam dotis factas, maritum mulieri reputare posse constat.

Itaque vir reposcere poterit quod expendit mulieri, et quod non erat matrimonii onus, velut si, mulierem, aut necessarias mulieri personas a latronibus redemerit. Evanescet etiam omnino dotis actio si dos tota tali impensa consumpta fuerit.

Quin imo si socer agat de dote debet habere rationem ejus quod in ipsam impensam fecit. (D. sol., matrim. l. 21.)

DROIT FRANÇAIS

DES RÉCOMPENSES & REPRISES EN MATIÈRE DE COMMUNAUTÉS

(Code Civil, art. 1431-1438-1468-1473).

INTRODUCTION

La communauté est une société de biens entre époux, régie par des règles particulières. Cette société, tant qu'elle existe, a pour chef et gérant le mari, qui, à lui seul, tient entre ses mains l'administration de trois patrimoines, celui des époux, c'est-à-dire les biens qui leur appartiennent en propre et les biens communs. Des deux premiers, la communauté a la jouissance, et exerce sur eux les droits d'un usufruitier, sauf toutefois certaines modifications ; quant au troisième, les époux en sont co-propriétaires ; c'est là une vérité incontestable, que, malheureusement pour son traité sur la communauté, notre illustre Toullier a méconnue.

Ces trois patrimoines, restant de la sorte dans la même main, sont dans un lien si intime , qu'ils doivent inévitablement, de temps en temps, empiéter les uns sur les autres ; c'est pour rétablir, au jour de la dissolution de la communauté, l'égalité blessée par ces empiètements

3

d'un patrimoine sur l'autre, que la loi a organisé le système des récompenses.

Les récompenses ont donc pour but de maintenir la composition du
fonds commun et du patrimoine personnel de chacun des époux dans
les termes mêmes ou cette composition est fixée par la loi.

L'absence de ces différentes prescriptions édictées par le législateur
dans le but de maintenir l'équilibre entre les différents patrimoines
eût présenté un double danger. Elle eût permis au mari de s'enrichir
lui-même aux dépens de la communauté, ou de laisser l'un des trois
patrimoines s'enrichir au détriment de l'un des deux autres, ce qui eût
été contraire à l'équité et aux dispositions de la loi.

1° A l'équité : n'est-il pas juste, en effet, lorsque le patrimoine
commun s'enrichit au détriment de celui des époux, ou réciproquement
celui des époux aux dépens du patrimoine commun, n'est-il pas juste,
disons-nous, que le patrimoine ainsi appauvri recouvre un juste dé-
dommagement de la perte qu'il a subie.

2° Aux dispositions de la loi : aux termes de l'art. 1395, les con-
ventions matrimoniales ne peuvent recevoir aucun changement après
la célébration du mariage ; c'est pour cela que la loi a mis le plus
grand soin à délimiter exactement chacun des patrimoines existants.
Que fût devenue la règle, si l'un de ces patrimoines avait pu empiéter
sur l'autre ? Il y a plus ; si la législation nouvelle autorise les libéralités *inter conjuges*, elle y met du moins ce tempéramment, que ces
donations sont essentiellement revocables (art. 1096) ; or, le principe
des récompenses écarté, la carrière était ouverte aux libéralités indirectes ou déguisées, et, comme la preuve du déguisement est des
plus difficiles, le principe de la révocabilité se trouvait à peu près
supprimé de fait.

Le principe des récompenses, consacré par la législation coutumière,
n'y fut pas cependant reconnu de tout temps ; La coutume de Paris
disait que, dans le cas d'aliénation d'un propre immobilier de l'un des
époux, il n'y avait lieu à récompense qu'au cas où, dans l'acte d'aliénation, la reprise aurait été stipulée ; à défaut de cette stipulation

expresse, le prix de l'immeuble tombait en communauté, par application de l'art. 100 de l'ancienne coutume. Mais comme cet état de législation, outre qu'il était en opposition flagrante avec l'équité, permettait aux époux de s'avantager, contrairement à la prohibition formelle de la loi, on décida, lors de la réformation de la coutume, en 1582, que la récompense, dans ce cas d'aliénation d'immeuble propre, serait due, sans qu'il soit besoin de stipulation spéciale.

Pendant quelque temps encore l'ancien état de choses continua d'exister dans les coutumes qui ne s'en étaient point formellement expliquées ; mais bientôt cette disposition de la coutume de Paris fut généralisée par la jurisprudence. Et même on ne s'en tint pas au texte restrictif de la coutume, l'art. 232 fut considéré comme étant l'expression d'un principe ; en conséquence, on décida qu'il y aurait lieu à récompense chaque fois que l'un des patrimoines aurait reçu de l'un des autres quelque avantage appréciable en argent.

La théorie est passée dans notre législation actuelle, fondée sur ces deux principes déjà émis plus haut : 1° qu'aucun des patrimoines ne doit s'enrichir aux dépens des autres ; 2° que les libéralités indirectes entre époux sont interdites.

Nous diviserons cette étude en deux parties.

Dans la première, nous étudierons la théorie des récompenses considérée en elle-même, c'est-à-dire les cas dans lesquels il y a lieu à récompense, et le montant de la somme due ; nous passerons successivement en revue l'hypothèse de récompenses dues par les époux à la communauté, puis celle d'indemnités dues par la communauté, et enfin celle de créances existant entre les époux, car, indépendamment des causes de récompenses entre la communauté et les époux, il peut arriver, comme nous le verrons, que les époux soient créanciers et débiteurs l'un de l'autre.

Dans la seconde partie, nous étudierons la sanction apportée par le législateur aux principes des récompenses, c'est-à-dire la façon dont s'exercent les droits de chacun des patrimoines.

PREMIÈRE PARTIE

CAS DANS LESQUELS IL EST DU RÉCOMPENSE, ET QUANTUM
DE L'INDEMNITÉ.

CHAPITRE I

DES RÉCOMPENSES DUES AUX ÉPOUX PAR LA COMMUNAUTÉ.

SECTION PREMIERE

DANS QUELS CAS LA COMMUNAUTÉ DOIT RÉCOMPENSE

La loi n'a point exposé d'une façon régulière la théorie des récompenses ; elle n'a point énuméré avec précision les cas dans lesquels récompense est due. Ces différents cas se trouvent épars au titre du mariage, c'est donc à nous de les rechercher et de les classer le plus régulièrement possible.

Chaque patrimoine se compose de meubles et d'immeubles ; en général, les meubles tomberont en communauté, mais pas toujours, et il pourra parfaitement arriver que l'un des époux ait des meubles propres : si, par exemple, il s'est réservé, par contrat de mariage, la propriété de certains effets mobiliers, ou bien si, *durante matrimonio*, il en a reçu par legs ou donation, à condition qu'ils lui restent propres. Qu'arrivera-t-il donc si ces meubles sont aliénés et que le prix en soit versé dans la caisse commune ? Il en sera dû récompense.

Demandons-nous maintenant ce qui adviendra si un immeuble appartenant à l'un des époux est aliéné, et que la caisse commune reçoive le prix d'aliénation ? L'article 1433 du Code Civil nous fournit la réponse : « Si, dit-il, il est vendu un immeuble appartenant à l'un » des époux, de même que si l'on s'est rédimé en argent de services » fonciers dûs à un héritage propre à l'un d'eux, et que le prix en ait » été versé dans la communauté, le tout sans remploi, il y a lieu au » prélèvement de ce prix sur la communauté, au profit de l'époux qui » était propriétaire, soit de l'immeuble vendu, soit des services fon- » ciers rachetés. »

Cet article prévoit deux hypothèses : ou bien les valeurs versées dans la caisse commune par celui des époux auquel appartenait l'immeuble ont été l'objet d'un remploi, ou bien ces valeurs sont restées dans la caisse de la communauté.

Dans la première hypothèse, l'époux propriétaire n'a droit à aucune récompense, pourvu toutefois que le remploi ait été fait dans les formes exigées par la loi. Dans la seconde, au contraire, récompense est due.

Ainsi, pour qu'il y ait lieu à récompense, il faut : 1° que le prix de l'immeuble ait été versé dans la caisse commune ; 2° que le remploi n'ait pas été fait.

1° Il faut que le prix ait été reçu. En effet, la communauté ne devient débitrice que par la réception de la valeur propre à l'époux qui prétend avoir droit à la récompense. C'était la règle de l'ancienne jurisprudence, et l'article 1433 du Code Civil exprime la même idée ; il dit, en effet : « Lorsqu'il a été vendu un immeuble appartenant à l'un » des époux....., et que le prix en ait été versé dans la communauté, » il y a lieu à récompense. »

Par suite de cette règle, le prix de l'immeuble propre de l'un des époux, tant qu'il est encore dû, est la propriété exclusive de cet époux ; par conséquent ce prix, que le vendeur peut toujours réclamer à l'acheteur, ne donne pas lieu à prendre récompense sur la communauté ; et si une portion du prix seulement a été payée, la récompense n'est due que jusqu'à concurrence de cette portion.

2° Il faut de plus, avons-nous dit, qu'il n'y ait pas eu remploi : lors en effet que le remploi a été effectué, le conjoint n'a subi aucun préjudice puisqu'il a retrouvé dans un nouvel immeuble une valeur équivalente à celle du fonds qu'il a aliéné ; la chose nouvellement acquise a été subrogée au lieu et place de celle qui a été aliénée.

Mais, qui est-ce qui prouvera que l'argent a été réellement versé dans la caisse commune ?

Il faut résoudre cette question par une distinction : ou bien c'est le mari qui a vendu un de ses immeubles et qui prétend avoir droit à la récompense, ou bien, au contraire, c'est la femme qui réclame. Si c'est le mari, c'est à lui de prouver que le prix de l'immeuble a été réellement versé dans la caisse de la communauté, c'est ainsi que la Cour de Cassation en a décidé dans un arrêt du 13 août 1832, et ce n'est, du reste, que l'application du droit commun qui veut que celui qui prétend avoir droit à une somme d'argent, prouve qu'elle lui est due. Mais, en faveur de la femme, vu l'état de soumission et de dépendance dans lequel elle se trouve, on a dû déroger au droit commun, et décider que, dans le cas où elle aurait vendu un de ses propres, la communauté serait censée en avoir reçu le prix. C'est au mari de prouver contre elle, soit qu'elle a touché elle-même le prix du propre aliéné, soit que le prix est encore dû.

L'article 1433, posant le principe des récompenses dues par la communauté aux époux, mentionne seulement deux cas dans lesquels la récompense est due ; mais, il n'est qu'énonciatif, et nous trouvons beaucoup d'autres cas auxquels nous pouvons faire application de son principe. Ainsi, lorsque l'un des époux acquitte, avec ses biens propres, une dette de communauté, il lui en est dû récompense, au moins jusqu'au prorata de la part pour laquelle cet époux n'est pas tenu de contribuer à cette dette ; par exemple, si c'est un propre de la femme qui a servi à l'acquittement, elle recevra récompense, pour moitié si elle accepte, pour le tout si elle renonce.

De même, si. pendant le mariage, il a été ouvert des mines et carriè-res, les produits n'en tomberont en communauté que sauf récompense à l'époux propriétaire.

De même encore, si l'un des conjoints ayant échangé l'un de ses immeubles, a reçu en contre-échange un autre immeuble inférieur au sien en valeur, et, pour compenser cette valeur, une soulte en argent, la communauté qui a touché cette soulte lui en doit récompense. — Il sera encore dû récompense lorsque la communauté a reçu, par suite du partage d'une succession immobilière, des soultes ou retours de lots en deniers.

L'art. 1433 prévoit un autre cas où il sera dû récompense par la communauté ; il suppose que l'un des époux avait une servitude active sur un fonds voisin du sien, et que le propriétaire de ce fonds servant a obtenu, moyennant paiement, renonciation de la part de l'époux à l'exercice de cette servitude ; la somme reçue a, bien entendu, été versée dans la caisse commune ; l'époux pourra, à la dissolution de la communauté, réclamer le montant de cette somme.

Supposons que l'un des époux, créancier d'une rente viagère, con-sente au rachat de cette rente, et verse le capital dans la communauté ; y aura-t-il lieu à récompense ?

D'après Pothier, il fallait distinguer : La communauté était-elle dissoute par la mort du crédit-rentier ? Aucune récompense n'était due ; en effet, disait-il, le rachat n'a porté aucun préjudice à ses héritiers, puisque la rente se serait trouvée éteinte par son décès. La communauté finissait-elle de toute autre façon ? c'était différent, il y avait lieu à récompense. Ce système est celui de beaucoup d'auteurs, et il a été confirmé par un arrêt de la Cour de Cassation du 10 avril 1855, mais selon nous il doit être rejeté. Qu'est-ce en effet que la rente viagère ? C'est un bien propre à l'un des époux ; or, nous savons qu'en cas d'alié-nation d'un propre, la communauté doit récompense du prix même d'aliénation ; il faut donc dire que dans tous les cas il est dû récom-pense.

Citons encore cette autre cause de récompense : La femme qui s'oblige solidairement avec son mari, pour les affaires de la communauté ou du mari, est réputée simple caution, et récompense lui est due de l'obligation qu'elle a contractée, pourvu, bien entendu, qu'elle ait été obligée de l'accomplir.

La loi a supposé que la dépendance de la femme serait souvent la cause qui l'a fait s'obliger ; si donc elle paie la dette, elle a droit à récompense contre la communauté. Le principe général de cette règle est posé dans l'art. 1216 qui dit que lorsque le mari et la femme se sont obligés solidairement dans l'intérêt exclusivement personnel de l'un d'eux, celui que l'affaire concerne est tenu seul de toute la dette, l'autre époux devenant, par rapport à lui, simple caution.

Dans les deux cas prévus par l'art. 1431, la femme sera bien débitrice solidaire quant au créancier, qui pourra, s'il le veut, la poursuivre pour la totalité de la dette sur ses biens propres, mais elle ne sera que caution dans ses rapports avec son mari, et le paiement qu'elle se trouverait obligée de faire, lui donnerait droit à récompense, soit contre la communauté, si la dette a été contractée dans son intérêt, soit contre le mari, si l'affaire le concerne personnellement. Le résultat sera nécessairement tout différent dans les deux cas, car, si c'est le mari qui est débiteur personnel, la récompense sera prise sur ses propres (1478), tandis que, quand l'affaire concerne la communauté, c'est sur la masse des biens que la récompense se perçoit.

Mais la femme ne peut pas toujours invoquer, même à l'égard de son mari, le bénéfice de cette exception apportée au droit commun par l'art. 1431 ; « la femme, dit la loi, doit être *réputée* caution, elle est *présumée* ; » ce qui prouve que cette situation peut s'évanouir, s'il résulte des circonstances que la femme avait l'intention de s'obliger personnellement. Le code, dans l'art. 1438, nous en donne la preuve : « Quand deux époux, y est-il dit, dotent leur enfant commun sans expliquer par qui la dot sera payée, elle le sera par chacun pour moitié. » La cour de Lyon, dans un arrêt du 11 juin 1853, a également opiné dans notre sens, dans une espèce où les époux s'étaient obligés solidairement pour le remplacement militaire de leur fils : elle a décidé

que la femme, qui, après avoir payé à peine la moitié de la somme
due, prétendait s'en faire indemniser par la succession de son mari,
n'avait payé que sa propre obligation.

Dans le cas même où la femme se serait engagée conjointement avec
son mari, pour affaire concernant la communauté ou le mari, elle ne
serait considérée que comme simple caution.

SECTION DEUXIÈME

QUANTUM DE LA RÉCOMPENSE DUE

Il est établi, supposons-le, que récompense est due ; quel en sera le
quantum ? La récompense, nous dit l'art. 1436, sera du prix de la
vente, quelque allégation qui soit faite, touchant la valeur de l'immeuble aliéné, et cela, dans tous les cas, c'est-à-dire, soit que l'immeuble appartînt au mari, soit qu'il appartînt à la femme. Quant à ce
mot *prix*, il est ici dans son sens le plus large, et il comprend non
seulement le prix principal, mais encore tous les accessoires dont la
communauté a profité, tels que, épingles, pots de vin... et toutes
charges appréciables à prix d'argent qui ont été imposées à l'acheteur
en diminution du prix (Pothier, n° 587-588). Ainsi la communauté
doit rembourser exactement tout ce qu'elle a reçu.

Mais le prix de vente d'un immeuble sera généralement constaté
dans un acte ; qu'arrivera-t-il donc si, pour un motif ou pour un autre,
dans le but, par exemple, d'éviter les droits de mutation, on a porté à
l'acte un prix inférieur au prix réel, v. g., si on a porté comme ayant
été vendu 15,000, un immeuble, qui en réalité, a été vendu 20,000,
le montant de la récompense sera-t-il le prix déclaré, ou pourrait-on
prouver que ce prix déclaré n'est pas le véritable ? Il y a, à ce sujet,
3 systèmes : un premier système soutient, en s'appuyant sur l'art. 1341,
que le conjoint aliénateur ne peut réclamer que le prix porté au contrat ;
un arrêt de cassation, du 30 décembre 1857, a consacré cette opinion.
Un deuxième système distingue entre le mari et la femme ; si l'im-

meuble aliéné appartenait à la femme, la fraude sera susceptible d'être établie, car, dit-on, la femme est sous la domination de son mari, et on doit tenir compte de cet état de soumission dans lequel elle se trouve. Aucun de ces systèmes n'est conforme ni à l'équité, ni à la loi.

1° A l'équité : l'idée de récompense repose, en effet, sur ce principe, qu'aucun des patrimoines ne doit s'enrichir aux dépens des autres, et ce principe éminemment juste, serait violé s'il n'était permis à chacun des époux de prouver que la somme portée au contrat est, dans l'espèce, inférieure au prix réellement payé ; car la caisse commune s'enrichirait aux dépens de l'époux propriétaire, puisqu'elle aurait reçu plus qu'elle ne serait obligée de rendre.

2° A la loi : Si nous examinons attentivement le texte de l'art. 1436, nous verrons que, lorsqu'il dit que la récompense aura lieu sur le pied de la vente, il ne dit pas que la récompense aura lieu sur le pied de l'acte de vente, il veut qu'on s'en tienne à la réalité, qu'on s'attache à la convention des parties, plutôt que de suivre à la lettre les termes d'un contrat dans lequel la fraude a pu entrer. Nous dira-t-on que l'art. 1341 défend l'admission de la preuve testimoniale contre et outre le contenu aux actes ? Mais, cet article ne s'applique qu'à ceux qui ont été parties au contrat, c'est-à-dire l'époux vendeur, et le tiers acquéreur ; or, ici il s'agit d'un compte à régler entre les deux époux, par conséquent l'art. 1341 n'a pas à nous occuper.

Nous nous arrêterons donc au troisième système qui prétend que chacun des époux a le droit de prouver que le prix réel n'est pas celui porté au contrat.

Lorsque le prix d'aliénation est une somme déterminée, le taux de la récompense est par là même fixé, mais il peut consister en une rente viagère, une redevance ; comment, dans ce cas, calculera-t-on le *quantum* de la récompense ? Sur cette question, Pothier et beaucoup d'auteurs ont une théorie que beaucoup de jurisconsultes repoussent. Étudions nous-mêmes la question, et tâchons de découvrir la meilleure solution : Supposons, avec Pothier, qu'un héritage dont le revenu était, toutes charges et risques déduits, de 600 livres par an, ait été aliéné pour une rente annuelle et viagère de 1,000 livres, et que la communauté ait duré dix ans, depuis l'aliénation de cet héritage ; l'époux, dans ce cas, au dire de Pothier, aura droit à une reprise qui consistera dans la somme dont les arrérages de la rente viagère, courus depuis l'aliénation de l'héritage jusqu'à la dissolution de la communauté, excéderaient les revenus dudit héritage, lesquels seraient tombés dans la communauté si l'héritage n'eût pas été aliéné. Or, dans le cas supposé, la rente viagère ayant, pendant dix ans, excédé de 400 livres par an le revenu de l'héritage, la communauté devrait à l'époux, propriétaire de l'héritage aliéné moyennnant la rente, une récompense qui s'élèverait à 4,000.

Cette opinion de Pothier ne nous semble pas devoir être admise, et nous estimons que, dans le cas présent, il n'y a lieu à aucune récompense de la part de la communauté, car, elle n'a perçu que des arrérages, en sa qualité d'usufruitière de tous les propres du mari. Or ce droit d'usufruit qu'a la communauté n'est pas un droit déterminé à tel ou tel immeuble et dont garantie lui soit due, mais bien un droit qui frappe indistinctement tout le patrimoine des époux, tel qu'il est entre leurs mains ; ce patrimoine pourra donc augmenter ou diminuer sans que la communauté ait à donner ou à recevoir récompense.

Nous avons vu qu'il est dû récompense lorsque l'un des époux, créancier d'une rente viagère, a consenti au rachat de cette rente et que le prix de rachat a été versé dans la communauté. Quel sera le *quantum* de l'indemnité ? Pothier enseignait que la récompense serait du prix de vente, mais déduction faite de ce dont les revenus de l'usufruit ou les arrérages de la rente auraient excédé les intérêts du prix de la vente pendant toute la durée de l'association. Ainsi : Un mari possédait avant son mariage l'usufruit d'un bien valant net 1,000 francs de rente ; *Durante matrimonio* il le vend 12,000, ce qui, au denier 20, fait 600 francs d'intérêt. A la dissolution de la communauté, aura-t-il récompense de la somme totale de 12,000 francs ? Non, car, pour se procurer ce capital, il a fait perdre à la communauté

400 francs qui doivent entrer en compte. Si donc la communauté a duré 10 ans depuis la vente de l'usufruit, ces dix années forment une somme de 400 francs qu'il faut déduire de celle de 12,000, prix de la vente, ce qui réduit sa récompense à 8,000 francs. (Toullier).

Cette théorie, qui est celle de Pothier, a été repoussée par grand nombre d'auteurs ; et, nous l'avons déjà dit, le droit d'usufruit qui appartient à la communauté n'est pas un droit absolu, mais subordonné au droit de propriété des époux ; Il n'existe qu'autant que les époux sont eux-mêmes propriétaires. Ainsi la communauté, à qui garantie n'est point due de telle ou telle somme de revenus, subit toutes les modifications qui se produisent dans le patrimoine des époux, et doit rendre exactement ce qu'elle a reçu, c'est-à-dire, dans l'espèce 12,000.

Remarquons, du reste, les résultats bizarres auxquels on arriverait en suivant la théorie de Pothier : Supposons, que la communauté dure 40 ans après le rachat de cette rente, eh bien, la jouissance de la communauté ayant été diminuée chaque année de 400 francs, il arrivera que non-seulement la communauté ne restituera pas le prix de rachat, c'est-à-dire 12,000, mais que l'époux aliénateur lui devra encore 4,000 francs. En vérité, c'est inadmissible.

CHAPITRE II

RÉCOMPENSES DUES A LA COMMUNAUTÉ PAR LES ÉPOUX.

SECTION PREMIÈRE

CAS DANS LESQUELS RÉCOMPENSE EST DUE

De même que la communauté ne peut s'enrichir au détriment des époux, et doit, lors de la dissolution de l'association conjugale, restituer à chacun d'eux ou à ses héritiers le montant de toutes les valeurs à lui personnelles qu'elle s'est appropriées, de même les époux ne peuvent s'enrichir aux dépens de la communauté et doivent lui rembourser toutes les sommes qu'elle leur a fournies pour leurs affaires personnelles.

Les cas dans lesquels récompense est due par les époux à la communauté sont fort nombreux ; nous croyons, néanmoins, en analysant avec soin l'article 1437, qui contient les principes de la matière, pouvoir les ranger tous dans trois catégories.

Lisons d'abord cet article 1437 : « Toutes les fois qu'il est pris
« sur la communauté une somme, soit pour acquitter les dettes ou
« charges personnelles à l'un des époux, telles que le prix ou partie
« du prix d'un immeuble à lui propre, ou le rachat de services fonciers,
« soit pour le recouvrement, la conservation ou l'amélioration de ses
« biens personnels, et, généralement, toutes les fois que l'un des
« époux a tiré un profit personnel des biens de la communauté, il en
« doit récompense. »

§ 1.

Récompense est due toutes les fois que la communauté a fourni les fonds nécessaires au paiement des dettes de l'un des époux.

Ainsi, il y a lieu à récompense. 1° pour l'acquittement fait avec les deniers communs des dettes d'une succession purement immobilière ou de la partie afférente à l'époux héritier, dans les dettes, d'une succession partie mobilière, partie immobilière (1412-1414).

2° Pour l'acquittement des charges imposées, par le donateur de biens immobiliers ou d'effets mobiliers réservés propres, à l'époux donataire (1405).

3° Dans le cas de l'article 1406, où un ascendant donateur aurait donné à un époux des biens immobiliers à charge d'acquitter ses dettes, et que le montant des dettes aurait été pris sur les biens communs.

4° Il est encore dû récompense pour les amendes prononcées contre le mari, lorsqu'elles auront été prises sur la communauté (1424). Mais, cette cause de récompense mérite d'être étudiée plus spécialement que les autres, car elle a fait naître une question controversée qu'il est intéressant de connaître.

Remarquons d'abord que la loi établit une différence radicale entre les amendes encourues par le mari et celles encourues par la femme. Quant à la femme, elle ne peut obliger la communauté, même par des actes licites ; à moins d'avoir le consentement du mari, elle ne pouvait, à *fortiori*, l'obliger par des actes illicites. Aussi la loi ne permet pas de poursuivre sur les biens de la communauté les amendes encourues par la femme, tandis que celles du mari peuvent être répétées sur le patrimoine commun, sauf, bien entendu, récompense. Le code établissait en outre une différence entre les condamnations pour crimes emportant mort civile et celles pour crimes qui ne l'emportaient pas ; mais la mort civile ayant été abolie par la loi du 31 mars 1854, toutes les condamnations restent régies par l'article 1424.

Remarquons, de plus, qu'il ne paraît pas douteux que le mot crime ne comprenne les délits et les contraventions, et que ce mot ait été pris dans un sens générique.

Ceci posé, abordons la question controversée et demandons nous si la communauté est tenue sans récompense des réparations civiles prononcées contre le mari.

Pour nous, nous croyons que récompense est due à la communauté, si elle a payé à la décharge du mari les réparations civiles ou les dommages-intérêts et les dépens prononcés contre lui, à l'occasion d'un délit dont il s'est rendu coupable.

Ceux qui sont opposés à cette opinion nous disent : L'ancien droit coutumier avait accordé au mari une souveraineté absolue sur la communauté ; il en était le maître et seigneur, si bien qu'il pouvait, sans avoir à rendre aucun compte, dilapider les biens, les perdre et les dissiper par de folles dépenses ; on admettait seulement, et c'était la seule limite apportée à son pouvoir, qu'il ne pouvait pas s'enrichir aux dépens de la communauté. Les condamnations pécuniaires qu'il avait subies à raison de ses délits ou de ses quasi-délits, amendes, réparations civiles et dépens des procès, se prenaient sur la communauté, sans récompense pour la femme, de sorte qu'on pouvait dire que le mari obligeait la communauté, *non solum contrahendo sed delinquendo ;* les rédacteurs du Code ont reproduit le même système, sauf deux points sur lesquels ils l'ont modifié : A) : ils ont enlevé au mari le droit de dissiper la communauté par des libéralités immobilières ou par des libéralités mobilières faites avec réserve d'usufruit : B) : ils accordent à la communauté récompense pour les amendes auxquelles il a été condamné par suite de ses délits ; mais, à part ces deux restrictions, ils sont restés dans l'esprit de l'ancienne jurisprudence. Ainsi, parceque la loi ne parle que des amendes, la restriction ne s'applique qu'à elles ? Cet argument ne nous paraît pas bien concluant. En effet : l'article 1424 a introduit, et a eu pour but d'introduire un droit nouveau. Or, dans les anciens principes, il n'y avait aucune distinction entre l'amende et la réparation civile ; toutes deux étaient à la charge de la communauté sans récompense, ainsi que le dit formellement Pothier ; lors donc que rien, dans la discussion de la loi, n'indique la pensée d'une distinction , on doit raisonnablement supposer que le changement introduit par le législateur moderne a été complet et non partiel.

On dit encore : si le législateur a voulu que les amendes ne fussent payées par la communauté qu'à charge de récompense, c'est qu'il a considéré que l'amende, étant une peine, devait être essentiellement personnelle ; la mettre à la charge de la communauté eût été frapper à la fois l'époux coupable et l'époux innocent ; mais les dommages-intérêts et les dépens, à la différence de l'amende, ne sont plus une peine, ce n'est que la réparation d'un préjudice privé ; dès-lors la loi a pu les faire tomber dans la communauté sans récompense. Mais qu'importe pour la femme, du moment que ces dettes sont la consé-quence directe et immédiate du délit commis par le mari, aussi bien que l'amende elle-même ? Les mêmes motifs de déciler pour les amendes n'existent-ils pas pour les réparations civiles et les dépens, qui ne sont, comme l'amende, que la conséquence de l'infraction du mari?

On dira peut-être : Si le mari avait obtenu des réparations civiles contre un délinquant, la femme n'en eût-elle pas profité pour sa part , puisque ces dommages-intérêts seraient tombés dans la communauté ? n'est-il pas juste, alors, que, dans le cas où c'est le mari qui commet le délit, elle supporte sa part dans ce que doit son conjoint ? Mais, il n'y a pas de corrélation entre les dommages-intérêts accordés au mari et ceux auxquels il est condamné. Si ceux qu'il a obtenus tombent en communauté et profitent à la femme, c'est qu'elle a souffert aussi bien que le mari du préjudice causé à ce dernier, tandis qu'il n'y a rien à reprocher à la femme dans le délit du mari.

Et puis, si le mari a le pouvoir d'obliger la communauté par ses actes, c'est que la loi suppose qu'il a reçu mandat de sa femme à cet égard, or, il est bien évident que la femme ne peut pas être supposée avoir donné à son mari mandat de l'obliger par les méfaits qu'il com-mettrait.

Disons, pour finir, que si le législateur parle seulement des amendes dans l'article 1424, ce ne peut être que par un oubli qui ne saurait tourner contre la femme sans injustice, et que le mot générique : *condamnation* employé par l'article 1425, doit être suppléé dans l'article 1424.

Quant aux quasi-délits, ils devraient tomber dans la communauté sans récompense, disent certains jurisconsultes, parceque ce sont des faits plus ou moins inséparables de toute administration, et qui constituent une éventualité dont la communauté ne saurait répudier les conséquences.

D'autres distinguent entre les quasi-délits commis dans l'administration de la communauté et ceux commis dans l'administration d'un propre ; les premiers, seuls, tomberaient en communauté sans récompense. Pour nous, nous croyons que, dans tous les cas de quasi-délits, la communauté doit supporter les dommages-intérêts, car, les raisons qui le feraient admettre, pour ceux commis dans l'administration des biens communs, existent également pour ceux commis dans l'administration d'un propre.

5° Il est encore dû récompense à la communauté pour la dot constituée par l'un des époux à un enfant d'un premier lit, et que la communauté aurait avancée. Quant à celle constituée à un enfant commun, il faut distinguer plusieurs hypothèses :

1) Les deux époux l'ont constituée conjointement, sans fixer la part pour laquelle chacun d'eux y contribue; ils seront tenus chacun pour moitié. Si l'un d'eux s'est engagé, par exemple, pour les trois-quarts et l'autre pour un quart, ils sont tenus, chacun au prorata de leur engagement, et si la dot a été fournie en biens communs, récompense est due à la communauté. La femme, dans ce cas, ne pourrait se soustraire à l'obligation de payer sa part de sa dot, car elle est tenue personnellement, et non en sa qualité de commune.

2) Le mari seul a constitué la dot (1439) : S'il a déclaré s'en charger pour le tout, il devra seul la supporter en définitive, et récompense sera due à la communauté, s'il a pris sur les biens communs la somme nécessaire à remplir son engagement. S'il a déclaré la constituer

5*

en effets de la communauté, la femme en sera tenue pour moitié.

Mais dans ce cas, la loi, par une bizarrerie inexplicable, veut que les époux soient tenus en qualité de communs, si bien que la femme, en répudiant la communauté, sera dispensée de payer.

3) La dot a été constituée par la femme seule : Est-ce avec l'autorisation du mari ? la femme supporte définitivement la dot, sans qu'il y ait à distinguer si elle est constituée en biens personnels ou en biens communs ; si au contraire la femme n'a constitué qu'avec l'autorisation de justice, elle sera encore obligée pour le tout, si elle a déclaré constituer en biens personnels ; mais si elle a déclaré constituer en biens communs, la dot tombera à la charge de la communauté et chacun des époux sera tenu pour moitié, en qualité de commun, de sorte qu'en répudiant la communauté, la femme se soustraira à l'obligation de payer.

§ 2.

Récompense est due à la communauté pour les sommes qu'elle a déboursées pour l'acquisition ou le recouvrement d'un propre.

La communauté a droit à récompense dans tous les cas où elle aurait payé le prix, ou partie du prix, d'un immeuble propre à l'un des conjoints, ou bien dans le cas où elle aurait fourni à un conjoint les fonds nécessaires pour le faire rentrer dans ses droits sur cet immeuble.

Appliquant cette règle aux differents cas qui la comportent, nous disons que récompense est due :

1° Pour les acquisitions antérieures au mariage et desquelles la communauté a dû payer le prix en tout ou en partie, car ces acquisitions forment des propres ;

2° Dans le cas où l'un des conjoints ayant échangé l'un de ses immeubles contre un autre d'une valeur supérieure, la communauté a fourni une soulte ;

3° Lorsque l'un des époux a acquis une portion d'un immeuble, dont il était co-propriétaire par indivis, avec les deniers communs ;

4° Supposons qu'un époux ait, avant son mariage, vendu un immeuble avec lésion de plus des 7/12, ou avec faculté de rachat ; l'action en rescision ou en réméré ne peut être exercée utilement qu'à la condition de rendre à l'acheteur le prix qu'il a payé (1673-1681). Si cette restitution est faite des deniers de la communauté, récompense lui est due par l'époux qui recouvre son propre.

Jusqu'ici nous avons vu l'acquisition faite moyennant une somme d'argent, et il est hors de doute que, dans tous les cas que nous venons de passer en revue, il est dû recompense. Mais ici se présente une espèce qui est l'objet de vives controverses :

Le prix de l'immeuble acquis en propres, consiste, je le suppose, en une rente viagère, la communauté n'a aucune récompense à réclamer pour le service des arrérages, parceque ces arrérages sont une charge de la communauté (1409) ; ceci n'est pas contesté, mais voici le point sujet à controverse : supposons que le vendeur de l'immeuble ait consenti au rachat de la rente, et que la communauté ait avancé la somme nécessaire pour ce rachat, y aura-t-il lieu à récompense ?

D'après Pothier, il faut distinguer : ou bien la personne sur la tête de qui la rente était constituée est décédée avant la dissolution de la communauté et alors il n'est point dû de récompense, car, dans ce cas l'époux débiteur n'a rien gagné à ce rachat, et d'un autre côté la communauté n'a rien perdu, puisqu'elle a été affranchie par le rachat du service des arrérages ; ou bien le crédit-rentier n'est décédé qu'après la dissolution de la communauté, et alors, comme il y a profit pour l'époux débiteur, récompense est due. Il y a profit pour l'époux débiteur, car il eût été obligé de servir les arrérages. même après la dissolution de la communauté.

Ici encore, nous rejetons la doctrine de Pothier, car, il est bien certain qu'au moment où le rachat a été opéré, le prix en a été déboursé pour la communauté ; la communauté a prêté à l'époux la somme nécessaire pour qu'il puisse payer sa dette, et leurs relations sont celles de prêteur à emprunteur, or, l'obligation du prêteur est de restituer ce qu'on lui a prêté, donc, l'époux doit récompense à la communauté.

§ 3.

Récompenses dues à la communauté pour sommes déboursées dans le but de conserver ou d'améliorer les biens personnels des époux.

La communauté, en tant qu'usufruitière des biens propres de chaque époux, a la jouissance des biens immeubles que chacun d'eux a conservés en propre, elle devait donc aussi avoir à sa charge les réparations que la loi oblige l'usufruitier de faire. Ces réparations usufructuaires, autrement dit, ces réparations d'entretien, ont pour objet de maintenir les immeubles en bon état, selon leur nature, et de procurer à l'usufruitier tous les fruits ou tous les revenus que ces immeubles peuvent produire. Elles sont une charge des fruits, et, par conséquent, ne donnent lieu à aucune récompense de la part de l'époux propriétaire. Ce n'est donc pas de ces sortes d'impenses que la loi entend parler, lorsqu'elle place, dans l'art. 1437, au nombre des choses dont les époux doivent récompense, les frais faits pour la conservation ou l'amélioration d'un propre, ce qui s'applique particulièrement aux réparations. Elle entend évidemment parler de ces réparations, en tant qu'elles ne sont pas à la charge de la communauté. Mais quelles sont ces réparations, et quel est le *quantum* de la récompense due par le propriétaire ? C'est ce que nous verrons à la section suivante.

SECTION DEUXIÈME

QUEL EST LE QUANTUM DE LA RÉCOMPENSE.

1° Quelle somme le conjoint débiteur doit-il rendre à la communauté ? Doit-il lui rembourser tout ce qu'elle lui a fourni, ou bien seulement ce dont il s'est enrichi ? Pour nous, nous croyons que la quotité de la récompense due par l'époux est déterminée par la dépense même que la communauté a faite, sans aucun égard à l'emploi ni à l'avantage plus ou moins grand que cet emploi a procuré à l'époux qui en a profité. La règle que nous émettons puise son principe dans l'art. 1408 1°. Cet article nous dit, en effet, que « lorsqu'il a été acquis pendant le mariage, à titre de licitation ou autrement, portion d'un immeuble dont l'un des époux était propriétaire, cette acquisition ne forme point un conquêt, sauf à indemniser la communauté de la somme qu'elle a fournie. » C'est donc la somme fournie, tout ce qui a été dépensé par la communauté, qui doit être remboursé.

Mais cette opinion a des contradicteurs. Plusieurs jurisconsultes, forts de l'avis de Pothier, et se prévalant du texte de l'art. 1437, prétendent que le conjoint n'est tenu que *quatenus locupletior factus est*.

Pothier admettait en principe que « la récompense n'est pas néces-
» sairement de ce qu'il en a coûté à la communauté pour les affaires
» de l'époux ; elle est limitée au profit que l'épouse a fait, et il n'y a
» exception que pour le cas où la dépense faite était nécessaire ; dans
» ce cas seulement on rembourse la somme intégrale. » Mais, quelle que soit l'autorité de Pothier, son avis ne saurait prévaloir quand il est en opposition flagrante avec un texte de la loi, et certes, dans le cas présent, il est certain que son sentiment est en opposition, avec l'article 1408 que nous avons déjà cité.

On nous dira peut-être que cet art. 1408 prévoit une espèce particulière ; mais la loi, dans cette circonstance-ci, a posé son principe dans l'art. 1408, et l'a expliqué par une espèce, de même que, dans l'art. 1437, elle a posé, et appliqué à deux cas, le principe des récompenses dues par la communauté aux époux ; du reste, les solutions données par un texte doivent être étendues par voie d'analogie quand elles reposent sur le droit commun, et c'est ce qui a lieu ici.

On invoque encore contre nous l'art. 1437. On lit, en effet, dans cet article : « Toutes les fois que l'époux a tiré *un profit personnel* des biens de la communauté, il y a lieu à récompense... Un profit personnel... Il ne faut pas prendre ces mots à la lettre, car, le législateur a posé en principe au commencement de cet article : « toutes les fois qu'il est pris sur la communauté une somme, il lui en est dû récompense ». Ce n'est qu'après avoir appliqué ce principe à plusieurs cas, que, ne pouvant les énumérer tous, il dit... « et en général toutes les fois qu'un profit personnel a été tiré... » Du reste, dans cet article, le législateur a eu pour but de fixer, non pas le *quantum* de la récompense, mais simplement de déterminer les cas dans lesquels elle est due. Aussi, selon nous, la communauté joue le rôle de prêteur, l'époux celui d'emprunteur, et ce dernier doit restituer tout ce qu'il a reçu.

Au surplus, si on admettait le système contraire, on arriverait bientôt à des résultats parfaitement iniques ; supposons que l'époux puise dans la caisse commune dans le but de faire une opération quelconque ; l'opération ne réussit point, et par conséquent l'époux ne s'enrichit pas ; alors la communauté loin de recevoir récompense, va supporter définitivement les conséquences mauvaises de l'entreprise ? Est-ce juste ?...

2° Nous avons vu qu'au cas où l'un des conjoints rachète des deniers de la communauté une rente viagère dont il était débiteur, il doit récompense ; voyons maintenant quel en est le *quantum*. Nous savons que Pothier (n° 615 de la comm.) n'admettait de récompense qu'au cas où le créancier de la rente avait survécu à la dissolution de la communauté, nous avons admis une opinion contraire ; maintenant qu'il s'agit de calculer le montant de la récompense due, nous sommes encore en opposition avec Pothier. Voyons donc ce qu'il dit : Il dit que le conjoint n'ayant été libéré, dans l'espèce, que d'une rente, n'est débiteur envers la communauté que de la continuation de pareille rente jusqu'au décès du crédit-rentier ; par suite, il faut distinguer si la rente était due par le mari ou si elle l'était par la femme. Dans le premier cas, si la femme acceptait la communauté, le mari ne devait continuer le service de la rente que pour moitié ; si elle renonçait, il s'opérait entre les mains du mari une extinction totale de la dette. Dans le deuxième cas, si la femme acceptait la communauté, le mari ne pouvait prétendre qu'à la moitié de la dette ; si elle renonçait, le mari pouvait exiger le paiement intégral de la rente.

Nous n'admettons point ces solutions, et nous préférons celles données par M. Toullier, comme étant plus conformes aux principes que nous avons posés.

D'après cet auteur, le rachat ayant eu pour but de libérer le débiteur, si la rente était due par le mari, celui-ci devra à la communauté toute la somme qu'elle a déboursée, que si, au contraire, elle était due par la femme, il faut distinguer, selon que la femme a donné ou non son consentement au rachat. Dans le premier cas, la femme est liée par son consentement exprès, la rente est éteinte par le remboursement qu'elle a offert ou consenti, et elle devra à la communauté la somme exacte qui a servi à effectuer le rachat. Dans le deuxième cas, le rachat est un fait personnel du mari, lequel est simplement subrogé au créancier primitif, mais la rente n'est pas éteinte de droit vis-à-vis de la femme. Celle-ci conserve donc l'option ou de ratifier le rachat ou de payer à la communauté récompense de tout ce qui a été pris dans sa caisse, ou bien de refuser le rachat, et alors continuer le service de la rente à la communauté subrogée au créancier primitif, et, après la dissolution de la communauté, au mari, pour moitié si elle accepte, pour le tout si elle renonce.

3° Nous nous étions réservé, à la section précédente, de rechercher ici le *quantum* des récompenses dues à la communauté par les époux, au cas de dépenses faites sur leurs propres et nous y arrivons.

Les impenses sont de trois sortes : elles sont ou nécessaires, ou utiles, ou voluptuaires ; les dépenses nécessaires sont celles sans lesquelles la chose périrait, les dépenses utiles augmentent la valeur du fonds, et les dépenses voluptuaires n'ont qu'un but, l'agrément personnel du propriétaire. — La communauté qui a fait sur un bien propre une impense nécessaire, a le droit d'en exiger le montant intégral. Cette solution est évidente pour tous, Pothier lui-même, et tous ceux qui, avec lui, prétendent que l'époux ne doit à la communauté que ce dont il s'est enrichi, l'admettent. C'est, qu'en effet, les dépenses de cette nature étant supposées nécessaires et indispensables, si elles n'eussent été faites des deniers de la communauté, le conjoint propriétaire eût été obligé de les faire de ses propres deniers, ou de ceux qu'il aurait emprunté à un tiers. En empruntant à la communauté, il épargne donc pour lui-même une somme précisément égale, et c'est cette somme qu'il doit restituer.

Quant aux dépenses utiles, Pothier pense que la récompense doit-être réglée d'après ce que les dépenses ont procuré de plus-value au propre de l'époux, et jusqu'à concurence de cette plus-value pourvu que le montant de la dépense ne soit pas dépassé. Pour nous, nous croyons qu'il faut encore ici user de distinction : si le mari a fait des dépenses sur ses propres, il doit récompense de toute la somme déboursée; en cela nous suivons l'avis de l'annotateur de Pothier, M. Bugnet, lorsqu'il dit : lorsque le mari se décide à faire des constructions, des améliorations sur ses propres immeubles, il est impossible de dire qu'il agit comme chef de la communauté ; c'est dans son intérêt propre qu'il agit, il entend en retirer seul toute l'utilité, et il devient, au fur et à mesure des déboursés, débiteur des sommes qu'il prend dans la communauté, ni plus ni moins que s'il les empruntait chez un autre. Est-ce au contraire sur les immeubles de la femme qu'on a fait les impenses? La solution doit-être la même si elle a contracté elle-même ou si elle a consenti. Mais, si elle n'avait pas été consultée, il en serait autrement, et elle ne devrait que la plus-value ; car, dans cette hypothèse, l'époux n'est qu'un gérant d'affaires ; or, celui dont l'affaire est gérée, n'est tenu que jusqu'à concurrence de l'utilité procurée par la gestion ; donc la femme n'est tenue que dans les limites de son enrichissement.

Nous arrivons aux dépenses voluptuaires.— Pour être parfaitement logique, il faudrait dire que récompense est due pour ces impenses, de toute la somme déboursée ; quelques auteurs l'admettent, mais la majorité dès jurisconsultes et la jurisprudence sont unanimes à n'accorder aucune récompense à la communauté au sujet de ces impenses, sauf le cas ou elles auraient donné une plus-value à l'immeuble. Le seul droit que possède la communauté est d'enlever les choses qu'elle a procurées à l'immeuble, en tant que ces choses sont susceptibles d'être retirées sans détérioration. La vente alors serait poursuivie au profit de la communauté.

✻

CHAPITRE III

DES RÉCOMPENSES DUES PAR L'UN DES ÉPOUX A L'AUTRE.

Aucun des patrimoines ne doit s'enrichir aux dépens de l'un des deux autres, c'est le grand principe qui domine toute la matière des récompenses; nous l'avons déjà appliqué au cas où le patrimoine commun se serait enrichi aux dépens des époux, et à celui où l'un des époux se serait enrichi au détriment du patrimoine commun ; il nous reste maintenant à en faire l'application au cas où l'un des époux se trouverait avoir profité des deniers qui appartiennent à l'autre.

SECTION PREMIERE

CAS DANS LESQUELS RÉCOMPENSE EST DUE.

On ne voit pas très-bien, au premier abord, comment il peut se faire que l'un des conjoints soit devenu débiteur de l'autre, car, comme le dit un auteur : « le régime de la communauté légale constitue entre « les époux une association de biens des plus étendues et implique « ainsi la confusion à peu près complète de leurs intérêts respectifs, « dans un intérêt commun. » — Il existe pourtant des cas dans lesquels ces intérêts se séparent, et où l'un des conjoints devient débiteur de l'autre :

1° Un époux peut-il être créancier de l'autre pour une cause antérieure au mariage? A première vue, on pourrait répondre : Non.

6

Supposons, en effet, que l'un des conjoints donne à l'autre, avant le mariage, une somme de 1,000 francs, cette dette s'éteint par confusion en tombant dans la communauté ; cependant il pourra se faire que, par une clause spéciale du contrat, il ait été convenu que cette dette ne tombera pas en communauté, et alors l'époux débiteur en sera tenu , et continuera, après la dissolution de la communauté, à être débiteur de son conjoint ou de ses héritiers.

2° Un deuxième exemple nous est cité par Pothier (n° 677 de la communauté): si, dit-il, les deniers que l'un des conjoints s'est réservés propres, ou qui sont provenus de l'aliénation de ses propres, ont été employés, durant la communauté, à acquitter une dette propre de l'un des conjoints, le conjoint à qui appartenaient ces deniers est créancier, non de la communauté, mais de l'autre conjoint, de la somme qui a servi à acquitter la dette propre de son époux. Mais il faut, pour cela, que les deniers aient été employés directement au paiement de la dette, par conséquent, que la somme n'ait pas encore été versée dans la communauté, mais qu'au moment où le débiteur va payer le prix, l'époux créancier délègue ce prix au paiement de la dette de son conjoint.

On pourrait encore citer d'autres cas de récompense, mais ceux que nous venons d'étudier suffisent pour l'intelligence de la chose.

SECTION DEUXIEME

QUANTUM DE LA RÉCOMPENSE

La récompense est de toute la somme déboursée par l'un des conjoints pour l'autre. L'un d'eux est prêteur, l'autre emprunteur, et ce dernier doit restituer tout ce qu'il a reçu.

DEUXIÈME PARTIE

SANCTION APPORTÉE PAR LE LÉGISLATEUR AUX PRINCIPES DES RÉCOMPENSES

Après avoir, dans la première partie de notre travail, développé les principes qui régissent la matière des récompenses, il nous reste à examiner la sanction que le législateur a apportée aux principes posés, c'est-à-dire la façon dont chaque patrimoine recouvre ce qu'il a perdu.

Il est défendu à l'un des époux de s'enrichir aux dépens de l'autre, ou de la communauté, et à la communauté de s'enrichir au détriment des biens propres des époux ; la sanction à cette dernière règle, constitue la théorie des reprises ; de même, la sanction à la prohibition faite aux époux de s'enrichir, aux dépens du patrimoine commun, constitue la théorie des rapports. Nous allons, dans l'étude de ces théories, suivre la même méthode que dans la première, c'est-à-dire étudier d'abord ce qui a trait aux récompenses dues par la communauté aux époux, (théorie des reprises), puis ce qui concerne les récompenses dues à la communauté par les époux (théorie des rapports). Quant aux récompenses que peuvent se devoir les époux entre eux, nous en traiterons en même temps que des reprises.

Mais, avant de commencer notre étude proprement dite, il est bon de poser les principes de la matière. D'abord, une récompense ne peut jamais être réclamée au cours de l'association conjugale, mais seulement après la dissolution ; en deuxième lieu, c'est en qualité de débiteur personnel, et non à titre d'époux commun, que chacun des conjoints est tenu de l'indemnité, d'où il résulte que la femme débitrice ne saurait se soustraire à son obligation vis-à-vis du patrimoine commun, en répudiant la communauté. Enfin, si aucun intérêt n'est dû tant que la communauté existe, à raison des sommes dues par les époux à la communauté, il en est autrement à partir de la dissolution, et la loi a introduit, dans cette circonstance, une dérogation à l'article 1153, qui dit que l'intérêt d'une somme d'argent ne court qu'à compter de la demande en justice. Elle a décidé que, s'il s'agit de somme dues à la communauté par les époux, ou aux époux par la communauté, l'intérêt court, de plein droit, du jour de la dissolution. Cette dérogation s'explique aisément : Qui eût fait courir les intérêts lorsque la somme est due à la communauté ? Le mari ? Mais, il ne peut s'assigner lui-même, s'il est débiteur de la récompense, ni assigner sa femme, si c'est elle qui est débitrice, car il n'a plus qualité pour la poursuivre au nom de la communauté, puisque la communauté est dissoute. La femme ? Mais elle n'a jamais eu mission de présider aux choses communes, et elle ne peut en être chargée après la dissolution. Il n'y avait qu'un parti à prendre si on ne voulait pas priver le patrimoine commun des intérêts de ses avances, c'était de les faire courir de plein droit.

Supposons la récompense due par la communauté aux époux, qui pourrait faire courir les intérêts ? Personne, puisqu'elle n'existe plus.

Mais, si l'indemnité est due par l'un des époux à l'autre, on fait retour au droit commun, car il n'y a pas de raison d'y déroger. Qui empêche, en effet, le conjoint ou ses ayant-cause de poursuivre l'époux débiteur ou ses héritiers ? Rien, il a sa liberté d'action.

CHAPITRE I

DES REPRISES ET PRELÈVEMENTS

L'art. 1470 nous dit : sur la masse des biens, chaque époux ou ses héritiers, prélève :

1° Ses biens personnels qui ne sont point entrés en communauté, s'ils existent en nature, ou ceux qui ont été acquis en remploi ;

2° Le prix de ses immeubles qui ont été aliénés par la communauté, et dont il n'a point été fait remploi ;

3° Les indemnités qui lui sont dues par la communauté.

Ainsi chaque époux prélève ses biens personnels qui ne sont point entrés en communauté, s'ils existent en nature, ou ceux qui ont été acquis en remploi ; en un mot, il reprend ses propres.

Voyons donc quelles sont les causes de propres des époux : il y en a deux espèces, les propres mobiliers et les propres immobiliers.

1° Propres mobiliers : les meubles, nous le savons, tombent en principe dans la communauté dont ils forment une partie de l'actif, cependant, certains meubles restent propres aux époux ; ceux, par exemple, qui ont été donnés ou légués à l'un des conjoints, sous la condition expresse qu'ils ne tomberont pas en communauté ; tous les meubles acquis en échange d'un propre mobilier ou immobilier ; toutes les fractions détachées d'un propre, lorsque ces fractions de propres n'ont pas le caractère de fruit;

2° Propres immobiliers. — Sont propres immobiliers : tous les immeubles dont l'un des époux était propriétaire avant le mariage (sauf ceux qui ont été acquis dans l'intervalle des deux contrats, en échange des choses mobilières destinées à tomber en communauté) ; tous ceux qui sont acquis pendant le mariage, en vertu d'une cause antérieure à la célébration, par exemple : en vertu d'une prescription qui s'est accomplie pendant le mariage ; de même l'immeuble acheté ou reçu à titre d'échange, avant le mariage, mais sans condition suspensive, reste propre à l'époux qui, *durante matrimonio*, l'a acquis par la réalisation de la condition ; — les immeubles acquis à titre de succession, legs ou donation ; — les immeubles cédés pendant le mariages par un ascendant, soit à titre de *datio in solutum*, soit à la charge, par l'époux cessionnaire, de payer les dettes du cédant ; ceux acquis en échange d'un propre, et ceux acquis en remploi ; — les portions d'immeubles acquises, par licitation ou à l'amiable, par l'époux qui avait déjà dans ces immeubles, à titre de propre, une portion indivise.

Nous venons de voir quels sont les biens propres, nous savons, d'un autre côté, les cas dans lesquels récompense est due par les époux à la communauté et par la communauté aux époux, et ceux dans lesquels l'un des époux est débiteur de l'autre, nous connaissons donc les causes de reprises et de prélèvements ; voyons maintenant comment s'exercent ces reprises et prélèvements.

Quant aux reprises à raison des récompenses dues par l'un des époux à l'autre, elles ne s'exercent pas sur les biens communs, car l'époux créancier ne recevrait pas tout ce qui lui est dû, mais seulement la moitié, puisqu'il est co-propriétaire des biens communs avec son conjoint; elles s'exercent sur les biens personnels de l'époux débiteur.

Quant à celles qui ont lieu à raison des récompenses dues par la communauté aux époux, il faut distinguer, et ne pas mettre les époux sur la même ligne. La femme, en effet, a deux avantages qui lui sont propres; d'abord (1471 du Code Civil), ses prélèvements s'exercent avant ceux du mari, de sorte que si la créance comprend tout l'actif de la communauté, le mari ne reçoit rien; en second lieu (1472 Code Civil), le mari ne peut exercer ses reprises que sur les biens de la communauté, tandis que la femme ou ses héritiers, en cas d'insuffisance de la communauté, exercent leurs reprises sur les biens personnels du mari. La préférence dont la femme est l'objet sous ce double rapport, s'explique facilement par la privation absolue du pouvoir qui l'a tenue constamment éloignée de l'administration.

« Les prélèvements de la femme, nous dit l'art. 1471, s'exercent pour les biens qui n'existent plus en nature, d'abord sur l'argent comptant, ensuite sur le mobilier, et subsidiairement sur les immeubles de la communauté; dans ce dernier cas, le choix est déféré à la femme et à ses héritiers. »

Les prélèvements de la femme devront donc s'exercer en nature, toutes les fois que cela est possible, l'art. 1471 le dit implicitement, lorsqu'il déclare que ce n'est qu'à défaut d'existence en nature des biens propres, que les prélèvements s'exercent sur l'argent... Ainsi chaque époux reprend ses propres existant encore en nature ou ceux qui auraient été acquis en remploi... Si ces biens ont été aliénés et non remployés, si, pour toute autre cause que l'aliénation de propres, la communauté est débitrice, les prélèvements s'exercent sur l'argent comptant, puis sur le mobilier, et, subsidiairement, sur les immeubles; dans ce dernier cas, ajoute l'art. 1471, le choix est déféré à la femme ou à ses héritiers.

Il faut bien se garder de tomber ici dans l'exagération, en prenant trop à la lettre cette dernière phrase de l'art. 1471 ; s'il est permis à la femme de choisir tel ou tel immeuble, il faut, selon nous, que son choix soit raisonnable, et qu'il y ait un certain rapport entre la valeur de l'immeuble choisi et le montant de la reprise à exercer : ainsi, s'il est dû à la femme une récompense de 15 ou 20,000, il ne serait certainement pas raisonnable qu'elle pût choisir un immeuble de 80,000, s'il existait, parmi les biens communs, un autre immeuble d'une valeur à peu près égale à la créance.

En cas d'insuffisance de la communauté, la femme exerce ses reprises sur les biens personnels du mari; mais elle ne peut plus dans ce cas exercer le privilége que lui accorde l'article 1471, car on ne peut jamais étendre les dispositions exceptionnelles au-delà des limites qui leur sont assignées par les textes. — La femme ne peut exiger de son mari qu'une somme d'argent; sans doute ils peuvent convenir que les biens personnels de l'époux seront donnés en paiement à la femme, mais ce sera alors l'effet de la convention, et non plus l'attribution des biens de la communauté faite par la loi. Ce sera une véritable *datio in solutum*, et non plus un acte de partage, de sorte que l'enregistrement percevra le droit proportionnel de mutation, et non le droit simple de partage.

Si la femme exerce ses reprises seulement à l'encontre du mari, les choses se passeront comme nous venons de le voir, mais, si, en même temps que la femme voudra prélever ce qui lui est dû, les créanciers de la communauté représentent eux-mêmes pour être payés de leurs créances, et si l'actif n'est pas suffisant pour désintéresser et la femme et les créanciers, qu'arrivera-t-il? La femme primera-t elle les créanciers ou viendra-t-elle en concours avec eux, au marc le franc? En un mot, la femme peut-elle se dire créancière ou propriétaire de ses reprises?

Pour examiner complétement cette question, posons la sous cette forme :

1° La femme a-t-elle un droit de préférence sur les meubles communs à l'encontre des créanciers chirographaires de la communauté.

2° A-t-elle sur les immeubles un droit hypothécaire ?

§ 1.

La femme a-t-elle un droit de préférence sur les meubles communs à l'encontre des créanciers chirographaires de la communauté?

A l'origine, cette question n'était pas douteuse, les auteurs et la jurisprudence étaient d'accord, qu'à part l'effet de son hypothèque légale sur les biens de son mari, la femme n'a aucune cause de préférence sur les autres créanciers de la communauté. Cette manière de voir était, du reste, parfaitement conforme aux principes. En effet, nous lisons dans l'article 1470 : la femme prélève le prix de ses immeubles vendus et non remployés, les indemnités qui lui sont dues par la communauté... Un prix... des indemnités, c'est-à-dire une somme d'argent ; or celui à qui il est dû une somme d'argent est un créancier, on avait donc raison de dire que la femme n'était que créancière. Mais, en 1854, un arrêt de la Cour de cassation vint consacrer la doctrine contraire, qui prétendait que la femme exerçait ses reprises à titre de propriétaire et non à titre de créancière et que, par conséquent, elle devait primer tous les créanciers chirographaires de la communauté.

M. Troplong. qui fut l'inspirateur de cette doctrine, n'hésite pas à admettre que la femme doit-être payée par préférence aux autres créanciers, non seulement quand elle accepte la communauté, mais encore, lorsqu'elle la répudie. Chacune de ces hypothèses mérite une attention particulière : Supposons d'abord que la femme accepte.

La femme accepte :

M. Troplong prétend qu'elle doit primer les créanciers de la communauté, et, à l'appui de sa prétention, il donne des arguments que nous allons examiner. Et d'abord, dit-il, la femme n'est tenue des dettes de la communauté que jusqu'à concurrence de son émolument, (quand elle a fait inventaire), or, qu'appelle-t-on émolument en cette matière ? C'est ce que la femme amende de la communauté, distraction faite de ses reprises et de ses prélèvements ; les reprises de la femme ne font donc point partie de cet émolument ; dès-lors, la loi les mettant sur la même ligne que les autres biens de la femme, il est juste de décider que celle-ci doit les conserver intactes comme ses autres biens. — La femme n'est tenue des dettes de la communauté que jusqu'à concurrence de son émolument, dites vous ? Très-bien, mais il ne faut pas abuser de cet argument. La loi, en édictant l'article 1483, a eu pour but de donner à la femme une arme défensive et non pas une arme offensive ; et puis, l'héritier bénéficiaire, le commanditaire, qui a un droit analogue à celui que donne l'article 1483, ne peuvent, lorsqu'ils ont des créances, l'un contre la succession, l'autre contre la société, venir que par contribution avec les autres créanciers.

Un deuxième argument mis en avant est celui-ci : ne peut-on pas dire qu'il y a, aux mains du mari, dépôt des deniers provenant de l'aliénation d'immeubles faite par la femme, et tombés en communauté ? Le déposant a, pour reprendre les choses par lui déposées, un droit de préférence et un droit de suite, qu'il peut toujours opposer aux créanciers du dépositaire. — Mais où a-t-on jamais vu que, dans le contrat de dépôt, le dépositaire puisse se servir de la chose, l'anéantir,

7

la consommer, s'il le veut. Il est certain que le mari est maître absolu des choses mobilières, (sauf la restriction apportée par l'art. 1422) on ne peut donc pas dire qu'il est dépositaire, et que, par conséquent, la femme a un droit de préférence et un droit de suite opposables aux tiers.

On dit encore : aux termes des art. 1470 et 1471, la femme *prélève,* avant tout partage, des meubles ou des immeubles appartenant à la communauté. Si donc elle a le droit de se payer en nature, elle n'est pas simplement créancière, car alors elle ne pourrait que faire vendre les biens communs, et se faire payer sur le prix en provenant. — Ici, on abuse du mot *prélever,* qui, dans l'art. 1470, s'applique aussi bien au mari qu'à la femme. Si l'on s'en prévaut pour affirmer que la femme n'est pas simple créancière, il faut aussi, pour être logique, décider que le mari exerce lui-même ses reprises à titre de propriétaire, et qu'il pourra se faire payer par préférence aux créanciérs qui lui ont prêté leurs fonds.

Remarquons, du reste, que l'art. 1470 n'a point eu pour but de régler les rapports des époux avec les créanciers, mais seulement les rapports des époux entre eux ; il a simplement voulu dire qu'avant tout partage, les époux doivent prendre ce qui leur appartient.

M. Troplong nous présente ensuite cet argument: la femme, dit-il, aux termes de l'art. 1472, ne peut exercer ses reprises sur les biens propres du mari, qu'après avoir épuisé préalablement les biens meubles et immeubles de la communauté ; les meubles et immeubles de la communauté lui sont donc plus étroitement engagés que les immeubles propres du mari, or, en quoi peut consister cette obligation plus étroite, sinon en ce que la femme a, dans un cas, un droit de préférence qu'elle n'a pas dans l'autre. — Ceci est, de la part de M. Troplong, une assertion purement gratuite, et qu'aucun texte n'autorise nulle part ; en effet, nous ne voyons pas que la loi ait voulu accorder à la femme le droit de se faire payer par préférence aux autres créanciers. Sans doute, elle doit agir contre la communauté, avant d'agir contre le mari, mais c'est uniquement parce que la communauté est directement obligée vis-à-vis d'elle, tandis que le mari ne joue que le rôle de caution, et que la caution n'est contrainte de payer qu'à défaut de paiement de la part du débiteur principal.

Mais, ajoute encore M. Troplong, comment pourrait-il se faire que la femme ayant un hypothèque sur les propres du mari, dont l'assujettissement envers elle est beaucoup plus éloigné, n'aurait aucun droit réel préférable sur les meubles et immeubles de la communauté ; il n'est pas possible, dit-il, d'admettre un tel résultat. — Cette considération ne nous convainct point, car, d'abord, la loi qui a limitativement énuméré les priviléges sur les meubles, ne parle nulle part de privilége accordé à la femme sur les meubles communs ; ensuite, si on l'admettait, rien ne s'opposerait à ce qu'on accordât au mineur un privilége sur les meubles de son tuteur ; et non-seulement au mineur, mais, à tout créancier hypothécaire.

Mais , en somme, si la loi n'a pas accordé à la femme de privilége sur les meubles, elle a eu raison de le faire : sans doute, la femme doit-être protégée, mais, cette protection ne doit pas être poussée trop loin, et il ne faut pas toujours lui accorder la préférence sur les autres créanciers, car alors le discrédit tomberait sur l'asssociation conjugale, avec laquelle les tiers ne voudraient plus traiter.

M. Troplong, après avoir posé les arguments peu concluants que nous venons de voir, invoque l'autorité des anciens jurisconsultes, de Pothier, en particulier ; d'après lui, Pothier aurait enseigné positivement que la femme a le droit de se faire payer sur les biens communs à titre de propriétaire. A cela nous répondons que tous les anciens auteurs ont enseigné que la femme était payée de ses reprises au marc le franc avec les créanciers, et Pothier lui-même s'est contenté de dire que la femme a un droit un peu plus fort qu'une créance ordinaire (*success.* chap. 5, art. 1 § 2), c'est-à-dire qu'elle a le droit de prendre des meubles et des immeubles en nature sans être obligée de faire saisir et vendre.

De tout ce que nous venons de voir il résulte, pour nous, la conviction que la femme n'a aucun droit de préférence opposable aux créanciers de la communauté, sur les meubles de la communauté. Cette conviction, qui existait généralement dans tous les esprits, antérieurement à l'arrêt de cassation du 11 avril 1854, était restée, malgré cet arrêt, celle de beaucoup de jurisconsultes. Nombre d'auteurs et de cours d'appel reproduisirent, avec beaucoup d'insistance, les critiques que nous avons exposées, si bien que la Cour de cassation crut devoir, sous la pression de l'opinion publique, et la puissante autorité de son procureur général, M. Dupin, désavouer publiquement sa doctrine, et reconnaître, dans un arrêt du 16 janvier 1858, que la femme exerce ses reprises seulement à titre de créancière, et qu'elle n'a, par conséquent, aucun droit de préférence à l'encontre des créanciers de la communauté. Ce point de droit n'est donc plus douteux aujourd'hui.

Mais doit-on s'arrêter définitivement à cette solution ? Ne pourrait-on pas aller plus loin, et soutenir que la femme doit-être primée par les créanciers chirographaires de la communauté ? N'est-il pas vrai que la femme commune est tenue, pour moitié, des dettes de la communauté ? Par conséquent, elle est débitrice des créanciers communs et doit les désintéresser. Il n'est pas possible, selon nous, d'admettre cette théorie ; en effet, la femme commune est tenue quand elle accepte, c'est incontestable, mais elle n'est tenue que jusqu'à concurrence de son émolument (si elle a fait inventaire). Elle est dans la même position qu'un héritier bénéficiaire qui est obligé *intra vires successionis*, et qui, quand il a une créance contre la succession, peut la faire valoir et venir en concours avec les autres créanciers.

La femme renonce à la communauté.

Dans ce cas, comme dans celui où elle a accepté la communauté, la femme, d'après M. Troplong, exerce ses reprises à titre de propriétaire. Cette doctrine, après avoir été consacrée par un arrêt de cassation de 1854, fut rejetée par celui du 16 janvier 1858, et aujourd'hui il est admis unanimement que la femme n'est, quant à l'exercice de ses reprises sur les biens de la communauté à l'encontre des tiers, qu'un créancier ordinaire.

§ 2

La femme a-t-elle une hypothèque sur les immeubles de la communauté ?

Aux termes de l'art. 2121, toute femme mariée a une hypothèque sur les biens de son mari, c'est-à-dire, qu'elle a un droit de préférence sur le prix des biens immeubles de son époux, et un droit de suite qui lui permet de poursuivre ces mêmes biens entre les mains des tiers acquéreurs. A-t-elle de même, pour garantie de ses reprises, une hypothèque sur les biens de la communauté ? La solution sera différente, selon que la femme accepte ou refuse la communauté, et selon que, dans chacun de ces cas, les immeubles existeront à la dissolution où auront été aliénés durant le mariage.

La femme accepte la communauté.

Supposons que les immeubles conquêts n'ont pas été aliénés. Dans ce cas, le résultat du partage décidera de tout. La femme aura une hypothèque sur les biens qui seront tombés dans le lot du mari, mais non sur ceux qui lui seront échus à elle-même.

Elle aura une hypothèque sur les biens tombés au lot du mari, car, le partage étant déclaratif de propriété, et ayant un effet rétroactif, le mari est censé avoir toujours été propriétaire exclusif des biens qui lui sont échus. Mais elle n'en aura pas sur les immeubles qui lui sont dévolus, car elle aussi est réputée avoir toujours eu la propriété de son lot, et personne ne peut avoir d'hypothèque sur ses propres biens, *nemini res sua servit.*

Nous disons que la femme n'a pas d'hypothèque sur les immeubles qui tombent dans son lot, mais, tous les auteurs ne sont pas de cet avis ; plusieurs, et entres autres M. Duvergier, soutiennent qu'au contraire elle en a une. D'après lui, dès qu'un immeuble tombe dans la communauté, la loi l'affecte par hypothèque à la sûreté de la femme, et le partage ne peut modifier cette situation.

Ce raisonnement pèche par sa base, car la question à résoudre est précisément celle de savoir si la femme a une hypothèque sur les biens communs, de même que sur ceux de son mari. Nous avons déjà dit et nous répétons que la solution dépendra du résultat du partage.

Voyons maintenant le cas où les immeubles ont été aliénés. La femme a-t-elle un droit de suite sur ces immeubles à l'encontre des tiers acquéreurs ? Peut-elle poursuivre sur eux le paiement de ses reprises ? La jurisprudence admet unanimement la négative ; la doctrine elle-même s'est généralement rangée à cet avis.

On se fonde sur cette idée que l'acceptation de la communauté pour la femme contient une ratification tacite des aliénations consenties par le mari. Mais cette assertion ne suffit pas pour justifier la décision. En effet, la femme qui accepte ratifie implicitement les actes de son mari, mais en tant que ces actes concernent seulement sa qualité de commune ; quant aux droits qui lui sont propres, qu'elle a en dehors de cette qualité de commune, l'acceptation ne peut leur porter atteinte.

On dit encore : La femme qui accepte la communauté, est tenue, pour partie, des dettes communes, et, par conséquent, elle partage avec son mari l'obligation de garantie qui résulte de la vente des conquêts : dès lors, elle ne peut se prévaloir de son droit hypothécaire. puisqu'elle évincerait l'acheteur ; elle ne peut s'en prévaloir, car elle serait immédiatement repoussée, en vertu de cette maxime : « *Quem de evictione tenet actio, eumdem agentem repellit exceptio.* » A cela on répond : si la communauté acceptée ne présente aucun émolument, la femme, pourvu qu'elle ait fait inventaire, est déchargée du fardeau des dettes, et par conséquent de l'obligation de garantie. Dans ce cas, son hypothèque, si elle existait en principe, subsisterait pleine et entière. Mais, supposons qu'il y ait un émolument quelconque : elle ne sera jamais tenue que dans la limite de cet émolument, et, par conséquent, l'hypothèque subsisterait pour le surplus. Cette explication n'est donc guère satisfaisante, et il faut d'autres raisons pour motiver la décision que nous avons donnée. — Certains auteurs disent que la femme qui accepte n'a point d'hypothèque sur les immeubles aliénés, parce que cette hypothèque est inconciliable avec les pouvoirs du mari administrateur, et le crédit dont il doit jouir, dans l'intérêt même de la femme.

— Il importe, en effet, à la femme intéressée à la propriété de la communauté, que les tiers qui contractent avec le mari n'aient point à redouter, quant aux biens communs, les effets de l'hypothèque légale.

La femme renonce à la communauté.

Les biens n'ont pas été aliénés. — Tous les immeubles sont, dans ce cas, affectés à l'hypothèque légale de la femme. Par suite de la répudiation, le mari est censé avoir toujours été propriétaire exclusif de tous les biens de la communauté, et il y a lieu d'appliquer l'article 2124 qui frappe d'une hypothèque légale tous les biens propres du mari.

Les biens ont été aliénés. — Nous admettons encore ici la même opinion, et nous disons que la femme peut exercer son hypothèque légale à l'encontre des tiers détenteurs. Beaucoup d'auteurs, et entre autres MM. Marcadé et Valette soutiennent le contraire, et raisonnent ainsi : « Il n'est pas exact de dire que la femme renonçante n'a jamais été commune ; cette fiction n'est écrite nulle part. Sans doute la femme qui renonce se trouve déchargée des dettes qu'elle n'a pas contractées personnellement, mais, sa renonciation ne peut faire qu'elle n'ait été femme commune ; c'est un fait indestructible. Par conséquent, disent-ils, les biens communs ont été aliénés tant au nom du mari qu'au nom de la femme ; la femme qui, en droit, est censée avoir vendu elle-même, ne peut donc exercer son action hypothécaire, car elle est tenue à garantie, et ne peut évincer l'acheteur. Cette objection n'est pas sérieuse ; il est vrai qu'au moment de la vente des immeubles le mari était chef de la communauté et qu'il a vendu tant en son nom qu'au nom de sa femme, mais, par l'effet de la renonciation, la femme a anéanti le passé, et le mari est réputé avoir seul aliéné.

Comment croire, ajoutent nos adversaires, comment croire que la loi ait eu l'idée d'abandonner l'effet des actes du mari au parti que prendra la femme lorsque viendra la dissolution de la communauté ? une telle alternative serait complétement destructive de la sécurité des tiers qui ne voudront plus traiter avec le mari. Ce motif n'a pas été pris en grande considération par le législateur, puisqu'il a donné à la femme une hypothèque légale sur tous les biens du mari. Il a préféré, vu son état de dépendance, les intérêts de la femme à ceux des tiers.

CHAPITRE II

Les articles 1468 et 1469 du Code Civil résolvent la question de savoir comment s'exerce la récompense due à la communauté par les époux.

Article 1468 : « Les époux ou leurs héritiers rapportent à la masse » des biens existants tout ce dont ils sont débiteurs envers la commu- » nauté à titre de récompense ou d'indemnité, d'après les règes ci- dessus prescrites. »

Art. 1469 : « Chaque époux ou son héritier, rapporte également les » sommes qui ont été tirées de la communauté, ou la valeur des biens » que l'époux y a pris pour doter un enfant d'un autre lit ou pour » doter personnellement l'enfant commun. »

Nous n'avons plus à revenir ici sur les différents cas où il y a lieu à récompense; tout ce que nous avons à dire se rattache au mode d'après lequel le rapport doit-être effectué par l'époux débiteur de la communauté.

Comment donc s'opère ce rapport? Pour résoudre cette question, il faut distinguer deux cas: ou bien l'un des époux seulement est débiteur de la communauté, ou bien les deux conjoints sont tenus vis-à-vis du patrimoine commun.

§ 1.

Un des époux seulement est débiteur de la communauté

Lorsque l'un des époux est débiteur de la communauté, le rapport peut se faire de diverses manières : il peut se faire, d'abord, par une remise effective de la chose ou de la valeur due ; c'est le rapport réel.

Il peut aussi avoir lieu fictivement, lorsque, faute de reproduire la chose même en nature, l'époux est constitué débiteur d'une somme égale à la valeur de la chose due.

Ce rapport fictif peut se présenter sous deux formes : Et d'abord, on pourra ajouter à la masse des biens de la communauté la créance qu'a la communauté contre le conjoint débiteur, et la lui précompter sur sa part dans la masse. Par exemple : un des époux doit 10,000 fr. à la communauté dont l'actif se compose de 90,000, si nous ajoutons la créance au montant de l'actif, nous avons 100,000 francs qui, divisés en deux, font une somme de 50,000 fr. pour chacun des époux. On précompte à la partie débitrice ses 10,000, de sorte qu'en lui délivrant 40,000 fr. des autres effets de la massse, elle se trouvera payée de ses 50,000 fr. L'autre conjoint prendra les 50,000 fr. restant.

On pourra, en second lieu, donner, avant tout partage, 10,000 fr. à l'époux qui ne doit rien, de façon que la masse à partager se trouve réduite à 80,000 fr. qui, divisés par 2, donnent 40,000 fr. pour chacun.

Il existe un troisième procédé qui s'était introduit dans la pratique ancienne, où elle était connue sous la dénomination de mî-denier. Ce procédé est encore fréquemment usité dans la pratique moderne. Il diffère des deux autres, en ce qu'au lieu de précéder le partage, il le suit. Il consiste en ceci : on partage la communauté, comme s'il ne lui était rien dû, dans l'état où elle se trouve. Puis l'époux débiteur fait confusion en lui-même de la moitié de sa dette, et paye l'autre moitié à son conjoint. Ainsi, dans notre espèce, les 90,000 fr. seront partagés entre les deux conjoints. L'époux débiteur fera confusion en lui-même de la moitié de sa dette, et donnera l'autre moitié, soit 50,000 fr. à l'autre époux , de sorte que le débiteur des 10.000 fr., n'aura reçu que 40,000 tandis que l'autre époux aura reçu 50,000.

Dans bien des circonstances, le rapport fictif et le mi-denier seront défectueux et ne pourront être employés dans le cas, par exemple, où l'un des époux serait débiteur de la communauté, tandis que l'autre aurait une créance contre elle, égale ou supérieure à l'actif. On ne saurait employer dans ce cas le mi-denier : soit un actif de 20,000, le mari doit 10,000 et la femme a une créance de 100,000 ; qu'arrivera-t-il si on emploie le mi-denier? La femme prendra les 90,000 plus 5.000 que le mari lui donnera, mais, en somme, elle n'aura reçu que 95,0t0 au lieu de 100,000. Dans cette circonstance, la seule manière d'effectuer le rapport sera de faire la remise réelle de la chose due. Disons, pour terminer, que le rapport fictif ne peut être employé lorsque la communauté ne se compose que de la créance qu'elle a contre l'époux débiteur.

§ 2.

Les deux époux sont débiteurs de la communauté.

Lorsque les parties sont chacune débitrices de la communauté, le rapport se fait de deux manières : en nature ou par voie de compensation. Dans ce dernier cas, chacune des dettes s'éteint complétement si elles sont d'égale valeur ; ou, si l'une est plus forte que l'autre, elles ne s'éteignent que jusqu'à concurrence de la plus faible.

Il y a une remarque importante à faire à l'occasion de ces deux procédés dont nous venons de parler : la femme exerce ses reprises sur le patrimoine commun avant le mari, et, en cas d'insuffisance des biens de la communauté, elle les exerce sur les biens du mari ; le mari a donc tout intérêt à ce que l'actif de la communauté soit suffisant pour dédommager sa femme. Cette remarque nous amène à dire que le rapport réel, augmentant le patrimoine de la communauté, le mari peut exiger de sa femme qu'elle fasse le rapport en nature plutôt que de le faire par voie de compensation, ce qui n'augmenterait en rien l'actif commun, mais le laisserait dans l'état où il est. Posons une espèce : chacun des époux doit à la communauté 20,000 fr. La communauté doit 60,000 fr. à la femme et l'actif commun se compose de 20,000 fr.; si les dettes des deux époux s'éteignent par compensation, l'actif ne sera que de 20,000 fr., de sorte que la femme recourra pour 40,000 fr. contre son mari; tandis que, si chacun rapporte à la masse les 20,000 francs qu'il doit, l'actif se composera de 60,000, somme qui suffira pour dédommager la femme; alors le mari, au lieu de débourser 40,000 fr. en sera quitte pour les 20,000 fr. dont il a fait le rapport.

QUESTIONS CONTROVERSÉES

DROIT ROMAIN.

I. — Expliquer ce texte du Digeste : « *In orbe Romano qui sunt, ex constitutione imperatoris Antonii cives Romani effecti sunt.* » (Dig. 1, 5, *de statu hominum,* 17, *fragm. d'Ulpien*).

II. — Que veulent dire ces mots : « *Sane uno casu qui possidet, partes actoris obtinet.* » (*Just. Inst.*, lib. IV, tit. 6, de act., § 2.

DROIT CIVIL.

I. — Les réparations civiles prononcées contre l'un des conjoints, à raison d'un délit ou d'un quasi-délit, tombent-elles en communauté d'une manière définitive? — Non.

II. — La femme a-t-elle, pour garantie de ses reprises, un droit de préférence sur les meubles communs à l'encontre des créanciers chirographaires de la communauté? — Non.

III. — La femme renonçante a-t-elle une hypothèque sur les immeubles communs, lorsque ceux-ci ont été aliénés par le mari au cours de la communauté? — Oui.

IV. Le mari pourvu d'un Conseil judiciaire peut-il autoriser sa femme à ester en justice? — Non, c'est la justice seule qui peut donner l'autorisation.

V. — La femme qui a abandonné le domicile conjugal peut-elle être contrainte à le réintégrer, même par l'emploi de la force publique? — Oui.

VI. — L'immeuble donné pendant le mariage aux deux époux, par le même contrat, est-il commun ou propre pour moitié à chacun d'eux ? — Il est propre à chacun pour moitié.

VII. — L'ascendant donateur peut-il reprendre dans la succession de son descendant donataire l'immeuble acquis moyennant le prix de l'immeuble donné par lui ? — Non.

DROIT COMMERCIAL.

L'acceptation d'une lettre de change peut-elle avoir lieu par acte séparé ? — Non.

DROIT PÉNAL.

La tentative d'avortement est-elle punissable lorsque l'avortement n'a pas suivi ? — Non.

DROIT ADMINISTRATIF.

Le locataire qui, après l'expropriation prononcée, a continué de jouir jusqu'à l'expiration de son bail, a-t-il droit à une indemnité ? — Oui.

PAUL AUBRY.

Vu pour l'impression :
Le Doyen, Ed. BODIN.

Rennes. — Typ. BAZOUGE fils et Cie, 15. rue de Viarmes et 5, rue Lafayette, librairie Villeneuve.